MAISONS AU NORD

Du même auteur :

Montréal Ailleurs, poésie, Claude
   Langevin éditeur, Montréal, 1971.

Retour de l'éloignement, poésie, les
   éditions Asticou, Hull, 1980.

Pays de vair, poésie, Éditions
   Naaman,Sherbrooke, 1983.

Le relais abitibien, collectif, Éditions
   Meera, Val-d'Or, 1987.

Montréal Ailleurs, nouvelle édition
   complètement refondue,
   les éditions Asticou, Hull, 1990.

Raymond Godard

MAISONS AU NORD

D'ici et d'ailleurs

Données de catalogage avant publication (Canada)

Godard, Raymond,
  Maisons au nord
  (Collection Cygnes du ciel)
  Poèmes.
  ISBN 2-921055-46-5

  I. Titre.   II. Collection.

PS8563.0815M34 1994   C841'.54   C94-940695-3
PS9563.0815M34 1994
PQ3919.2.G62M34 1994

D'ici et d'ailleurs
Case postale 314
Val-d'Or (Québec)
J9P 4P4
Téléphone : (819) 824-4248
Télécopieur : (819) 825-8923

Maquette de la couverture : Pierrot Letendre
Photographie de la couverture : Paul Brindamour
Photocomposition laser : Assistécriture

Collection
Cygnes du ciel

© **D'ici et d'ailleurs**
Dépôt légal — Deuxième trimestre 1994
Bibliothèque nationale du Québec
Bibliothèque nationale du Canada

ISBN 2-921055-46-5

La publication de cet ouvrage a été rendue possible
grâce, en partie, au programme de subvention globale
du Conseil des arts du Canada.

IMPROMPTUS

LE RÊVE BLEU

Je fis un rêve bleu
Qui survolait un lac au ras de l'eau.
Je suis entré dans le basalte
D'une Moldavie.

Madame de Maintenon,
Depuis cent ans, tenait salon
Dans la chapelle de pierre
Au bout de la péninsule.

Dans le clair-obscur des grands feuillus,
Le gardien empêche les rampes de s'effondrer
Sur le ballast du chemin de fer. La chaleur,
Comme une maladie, s'est répandue
                      dans la ville.

Des montagnes émergent dans le ciel indigo,
Icebergs dans l'Océan Glacial. Oh! ne pas être
                      englouti
Dans le froid définitif. Être assis au soleil
Pour que s'écoule l'hiver, pour ne vivre
                    que le dimanche.

Je suis tombé dans la nuit opaque.
Au réveil, une lumière filtrait sous le seuil.
J'ai deviné les cieux derrière le mur.
Un ange me faisait signe,

Plus loin que le rêve bleu.

DE L'AUTRE CÔTÉ DU MIROIR

Je suis vivant,
Après le voyage effréné,
Sous le fouet des torrents,
Puis dans l'accablant été,
Fourneau, étuve.
Je cuisais dans la voiture,
Épaules rivées par l'air dense.
Des milliers de milles
Se sont étirés sous les roues.
Tantôt la mer du Saint-Laurent
Se fracassait sur la berge
Par de longues lames de colère,
Tantôt la sournoise marée
De la baie de Fundy
Faisait reculer les enfants.
Des ciels se terminaient.
Des traversiers ondulaient
Sur le détroit
En s'avançant vers une falaise rouge
Ininterrompue.
Le vent, l'eau, le sel
Ont sculpté des statues de pierre
Au bord de la mer.

Je suis encore vivant.
Je passe
De l'autre côté du miroir
Où je me trouverai seul
Avec la fatigue, la nausée, la maigreur
Qui sont mon lot. Une douleur
Ronge ma poitrine la nuit.

Entre les murs,
J'entends les élytres des guêpes jaunes
Cliqueter contre mon oreille
Dormirai-je encore?

Mais les bleuets à l'arrondi parfait
Se gorgent du bleu intense
De juillet. Le mil tremble
Sur la butte le jour.

Suis-je de ce monde?
Ai-je passé de l'autre côté du mur?
La lueur sous le seuil énorme,
Je la soulève en rêve,
Je franchis la frontière.
Je déboucherai
Dans l'insoutenable lumière.

GABRIEL

« Un monde blanc, contraire au nôtre, se laisse entrevoir. »

Du gris du brouillard
Et du gris de la mer,
Dans le bruit de la sirène
Et dans le bruit de la mer,

De la mer bruissante
Quand criait la sirène,
Hors du mouton des vagues
Et au-delà des blanches maisons

Ensanglantées de rouge,
Surgit le flanc des bélugas
Dans le gué de la mer.
L'ancre du phare
Se révèle
Dans l'échancrure du brouillard.

La lumière crie
Dans le gris du jour.

Les signes blancs
Fusent en éclairs
Dans l'univers gris.
Le bateau invisible mugit
Près de la sirène qui gémit.
Les silences crient,
Les gris sont des lumières,
Appels blancs!

Par-dessus notre épaule soudain,
À notre gauche,
Du côté de la mer,
Gabriel,
Qui se tient devant Dieu,
Est venu.

LES CORBEAUX

L'hiver est trop doux.
Les corbeaux ont envahi la ville.
Ils sautillent sur les trottoirs
À deux pas des promeneurs.
Ils piétinent le dôme
De la cathédrale byzantine.
Leurs croassements s'étirent
Sur les vents du soir.

Les bras de la croix
Se sont levés sur la ville.
Une tempête a rugi,
Elle a jeté les mécréants noirs
Au bas du dôme,
Les a soufflés au-delà de la rivière,
Imposé le silence à l'orchestre criard.
Trêve brève, car gare au Christ insulté :

Les neiges foudroyées
Ont inondé les rues,
Ont secoué les ponts,
En mugissant,
Ont déraciné
Les maisons et les prisons.

Tout est sec, immobile
De nos jours. Stop!
Avant d'entrer dans cette ville
Qu'on avait livrée aux corbeaux.

MATIN DE PRINTEMPS

Ce matin de printemps, avril, mai?
Sous un ciel bleu et léger,
Les chefs ont décidé de fusiller,
Sur le sommet du Sinaï,
Cinquante enfants en représailles.
On me désigna pour commander
Le peloton d'exécution.
Je montai avec les hommes
Et les enfants dans la terre
Qui collait à mes guêtres.
Le sommet se couvrit de nuages.
Quel soulagement!
À l'abri des nuées,
J'ordonnerais aux soldats de tirer en l'air.
À ceux d'en bas la manoeuvre échapperait.
Sur une butte recouverte encore
Du gros sel de la neige,
L'espoir me quitta.
L'un des hommes me trahirait.
Des enfants redescendraient
Au su des chefs.
Quelque sbire effectuerait
Une vérification sur les sommets.
Je serais moi-même sacrifié,
Cela ne m'épouvantait guère,
Mais l'effort pour sauver ces innocents
Aura été vain.

FANTAISIDES

Au coeur des Florides
J'aimais le coeur torpide
Des journées sans rides
Quand l'âme des arides
Du boréal se vide,
Nageur intrépide
Face à la mer viride
Près d'où l'arec nide.
En ce jour des ides
N'envoie pas de séides,
Laisse-moi dormir impavide
Sous la douce bride
De la fiancée timide.

INFORMATIQUE

J'ai vu des chevaux
Attelés à des traîneaux
À deux places
Glissant sur la glace.

Changez les en tracteurs.
C'est démodé à c't'heure.
Ça mange du foin.
C'est bon à rien.

Aujourd'hui, tout est changé
À l'ère de l'astronautique,
De la robotique, de l'informatique.
Comment faire une appendicite?

LE SOUVENIR DU FOUET

Tu as pris ta retraite,
Chien battu de la traite.
Tu manges les steaks de la cuisine.
Tu ne fais plus grise mine
Le museau allongé au chaud.
Tu oublies l'Esquimau.
L'enfant repose sur ton flanc
Quand tu gis ronflant

Mais le souvenir du fouet,
Dans ton sommeil muet,
La rumeur des courses sur la glace,
Des âpres disputes de la place
À la curée sur la neige,
Quand la bête est prise au piège,
Secoueront sans doute la tiédeur
Dans ta niche de chien sans-coeur.

CHANSON DE VAURIENS

À l'auberge des bons copains
La patronne nous sert la soupe,
Et certes nous tire le vin,
Qui fume dans des soucoupes.

À l'hôtel des Samaritains
La patronne remue les bûches,
Ramasse même le pain
Dans la grande huche.

Au refuge des Sarrazins
La patronne calfeutre à l'étouppe
Si quelque poltron se plaint
Que la bise rafraîchit sa houppe.

Au rendez-vous des joyeux gamins
La patronne répand la bière,
Elle n'a pas assez de deux mains,
D'abondance dans des bocks de pierre.

À l'auberge des vauriens
La patronne, si à boire
Il n'y a plus à la cave à vin
Et plus rien dans la mangeoire,

La patronne nous donne le sein
À chacun à satiété
Et ses reins à caresser
À l'auberge des bons copains.

À chacun son festin de ce bel acajou.
Quand se seront repus fiers sapajous,
Les agapes finies, la porte et le chemin!
À chacun son destin!

L'HUMEUR À L'HUMOUR
(Vers tordus d'un poète perdu)

Les rédacteurs de potins et merveilles,
Sans butin et point vermeils,
« Sont faillibles et pour pallier
  à leurs déficiences...»
Ce « pallier à » me fait bâiller
Et je leur baille un pâle palliatif.

Car on demande textes à thème d'humour
Pour un bulletin incertain.
Et jour de tombée : premier août.
Mois doux, on ne se fera pas trop mal.

Eussé-je su que thème précédent était mode
                      écolo,
Aurais-je permis à mon Géant
De faire bouillir le lac La Ferme
          dans sa marmite de fer?
Le fer a fondu, le lac s'est évaporé,
Les poissons rampent sur le ventre
Comme des serpents à sornettes.

Montrant mon humour à la Foire
Du Livre, au Salon, me corrigé-je.
Oh, ho, ô je m'égare!
Montant en passant, Maupassant peut-être,
Je ressusciterai texte défunt, sans parfum,
Où aspirine (acide acétylsalicylique)
Étant panacée, rimait avec : le Cid assez-t-il
                  Alice illicite,
Ou quelque chose d'approchant,
       et empêchait l'infarctus,

Et si vous l'aviez fait par mégarde,
Reculait la mort, vous interdisait
                    de paralyser.

Une aspirine de bébé tous les soirs
(Un grain et quart, *dicit* l'expert)
                    vous permet tous les espoirs.
Cinq! Dix! renchérit l'ultime expérimenteur
Menteur.

Mais combien sont pesés vos grains :
En grammes, milligrammes?
En graphes, phonographes?
En grains de folie, en graines de sagesse?

Douze gros grains dans mon fusil
                    ou quatre cent dix petits,
Et l'on s'envole vers le ciel. Hue et meurs!
Hume heure!
Votre "o" a viré en "e", votre eau a tourné
                    en oeuf.
Votre humour se distilla en résidus d'humeur.
Une humeur dysphorique :
J'ai et de la médecine et de l'hiatus et
                    des lettres.

LA PLUS BELLE HISTOIRE

Le personnage qui rêvait -- la personne ? --
Voulait, comme Kipling, écrire
La plus belle histoire du monde,
La merveilleuse histoire de sa vie.
Les faits colorés se déroulaient dans le rêve.
Pendant toute la fin de la nuit, il voulait écrire.
Il se préparait sans cesse, mais il rêvait encore
Et la plume se dérobait à travers
                              les lourdes volutes
Des images télescopées. Bientôt, bientôt!
Et il rêvait toujours. Il était étendu,
Dans la cour de l'école en face de la maison,
Parmi les enfants qui ne le remarquaient pas,
Sur une table bizarre qui s'allongeait.
Dans le rêve même, il se remémorait
                              ses efforts
Pour agir, les événements heureux à raconter,
Les prouesses, les vigueurs.
Enfin le sommeil se dissipa.
À la fin du jour, il se munit
Du stylo, des pages blanches.
Mais il ne restait que des images confuses,
Des paroles perdues dans la rumeur.
Tout le brillant déroulement de sa vie,
La plus belle histoire du monde,
Lui échappa.

CHANSON POUR L'AUVERGNAT

Vous êtes certes en paradis, Georges Brassens
— Votre tombe est-elle à la plage de Sète? —
Selon votre Supplique. Avez-vous négocié
À la porte avec Pierre, aussi renégat, lui,

Que vous, un seul moment, qu'il pleura
cruellement.
Mais, porteur des clés, il vous a fait souvenir
De la langue non liturgique des chansons
Du Gorille, de Corne d'Aurochs, de Nestor,

Et j'en passe et des pires! Mais il sait assez
Le rude pêcheur que vous aviez nostalgie,
Sans oser y croire, de Jésus et Marie.
Vous n'étiez pas l'Antéchrist de service!

Le poète qui disait la Prière de Jammes
Avec un tel frisson : — Je vous salue Marie — !
Avec un coeur vibrant, n'était pas
qu'un Voyou,
Et quelques jours à Savoir boire au Purgatoire

N'est pas un si lourd châtiment en compagnie
De François Villon et de la Première fille
Qu'on a pris dans ses bras... Il avait
Rendez-vous
Avec vous l'Alpiniste en haut du Golgotha...

Vous êtes certes en paradis,
                    Georges Brassens,
Tout mécréant que les mots l'aient pu
                    laisser croire.
Il suffit de passer le pont, Pauvre Martin,
D'essuyer votre moustache mouillée de vin,

De rassembler à Sète les Copains d'abord,
De répéter la prière à la Reine de Miel,
Car l'Auvergnat a trop parlé du croquemort
Pour qu'il ne le Conduise pas, à travers ciel,
                    Au Père Éternel!

PERSPECTIVES

LE GRAND REMOUS

En mil neuf cent trente-quatre,
Maurice Utrillo peignait
En teintes rougeâtres sur la neige,
Dans la rue Jeanne d'Arc prolongée,
Des dames dont les longues jupes
Balayaient les hautes bottines.
Elles clopinaient vers des immeubles
De quatre ou de six étages,
Surmontés de mansardes,
Agrémentés de quelques arbres
Sans feuilles, sous un ciel bleuté.
Ce devait être l'hiver à Paris.

Pendant ce temps,
Des hommes sans âge
Au visage rébarbatif,
Sous des casquettes à oreillettes,
En makinaws carreautés rouges,
Dans leurs pesantes et humides
Bottines de feutre, s'approchent
D'un pont couvert sur une rivière
Du Nord, guidant un cheval sans noblesse
Qui tire un traîneau de billots
À jeter dans le Grand Remous.

CHRONOLOGIE DE L'HYPOCONDRIE

Je naquis joufflu, je grandis ému.
Au seuil de l'école, je fis les oreillons.
Le dentiste m'enleva des dents
  — Contre promesse d'un cornet de crème
                          glacée —,
Le spécialiste les amygdales dans une salle.

Au temps du collège la migraine
Me retint au lit une semaine.
Je connus tant de succès aux examens
Qu'une angine me terrassa un mois.

En même temps ou auparavant
La clavicule fracturée et embrochée,
Deux vertèbres concassées
Et dépression des enfants de quinze ans.

J'entrepris enfin la carrière des autres
Sans atteindre l'apogée,
Sans descendre au périgée.
Je connais aussi le péridot
Et le ptérygion. Enfin quelque temps
S'interrompirent mes malheures
Après une entorse retorse.

Car, avec l'âge, je ne fis pas collection
De l'obésité, de l'emphysème, de la haute
                        pression.
Je me moquai des examens, de l'investigation
Annuelle. Je déjouai la panoplie
                       psychosomatique.

À peine fis-je une pneumonie en passant
Qui me mena à deux doigts du trépas.

Je suis donc aujourd'hui assez fier de moi,
Plutôt maigre, passablement gris,
                    pas trop ridé.
Je partirai sans doute : on ne naît
                    que pour mourir.
Sur ma tombe, écrivez : À bientôt.

L'ACTION DE GRÂCES EN MIL NEUF
CENT CINQUANTE-TROIS

La voiture descendait la côte de la Glacière
Au couchant à quatre-vingt milles à l'heure
À rebours des milliers de voitures
Qui revenaient du long congé
              de l'Action de Grâces.

Soudain les phares oscillèrent, dansèrent.
La Chevrolet rouge dérapa, vira
Devant derrière sur le macadam, heurta
D'abord la pesante Chrysler de l'oncle Charles,

Qui avait vu venir la collision,
S'était prudemment rangé sur l'accotement.
À peine un choc à l'avant
              et les feux des phares
S'envolèrent, disparurent dans la nuit.

Nous, adolescents enfoncés dans la banquette,
Écoutant le bruit des roues de caoutchouc
Sifflant l'asphalte, nous avons alors bondi
Hors de la Chrysler beige. Immobiles d'effroi,

Nous regardions le jupon blanc net
Relevé sur la hanches désarticulées
De la jeune femme couchée tout de travers
Sur le chemin noir, la cravate bien nouée

De l'ami sur la chemise du dimanche,
Sous la tête défoncée d'où une rigole de sang
S'écoulait goutte à goutte et traversait
La grande route du Nord dans la rumeur

De l'incessant cortège des voitures
Au retour du long congé de l'Action de Grâces.

DE L'AUTRE BORD

Quand il est mort
Le triste explorateur
De l'autre bord de la rivière
Au bout de la misère,
Certains buvaient de la bière.

Un tracteur sur le dos,
C'est pesant pour les os.
On n'a qu'à finir au froid,
Au bout de la mort,
La face dans la boue.

Quand la fournaise a explosé
Dans le camp au fond du bois,
Et que le prospecteur a brûlé,
Au bout de sa peau,
Jusqu'aux sourcils,

Quand le mineur a culbuté
Dans le trou du puits,
La tête écrasée, le cou cassé,
Au bout de la peur,
D'autres buvaient aussi.

S'ils avaient su alors,
Auraient-ils eu quelque remords
Au lieu de jurer, de sacrer,
Au bout de leur vie,
Juste avant d'être tués.

Et moi de même,
J'aurais pu réfléchir,
Poser mon verre,
Au bout de mon enfance,
Et prié un peu.

LE TEMPS

Les horloges me fascinent,
Justes à la seconde, à l'éternité près.
Horloge de bois,
Entourée du cordon doré,
Me regardant face-à-face
Sur le mur tapissé de la cuisine,
Horloge, assiette fleurie,
Sur la cloison de la salle à manger.
Sur le champ du temps s'avance
Cliquetante l'aiguille de nickel
De la minute, sournoise
La courte flèche de l'heure.

Mes dernières montres au quartz
Rachètent les erreurs des anciennes,
Oubliées dans des tiroirs, égarées,
De la plus aimée, se décomposant
Depuis trente ans, — arrêtée! —
Dans la pierraille d'un fossé.

Toutes les horloges suspendues
Dans toutes les boutiques de la ville,
En pierre, en plastique, en oxyx faux,
En imitation de bois, en jade, en jaspe,
Hublots modernes, grises, brunes, blanches,
Immobilisées en attente de clients,
Toujours prêtes au départ ou déjà en marche,
Suivent l'oscillement de la planète Terre,
Le battement de votre coeur et du mien,
Dans toutes les villes, tous les pays,
Synchrones à la seconde,
En mouvement vers le dernier jour,
Vers la vérité de l'éternité.

LE PASSÉ

Le soleil se lève à l'Ouest,
Il se couche au Nord.
Je n'ai pas fait périr mes ancêtres.
Ce sont eux qui m'ont négligé.
Qu'ils revivent tous pour me reconnaître.
Les souvenirs sont mon pain du matin.
Je soulève des sacs de portage,
Des fusils plus anciens que moi.
Une vieille Ford vert foncé,
— Son plancher troué filtre la poussière —
Est ma demeure préférée pour oublier.
La maison que je veux habiter
Est aux mains des étrangers
Qui ont chassé mon père.

Toutes les choses immobiles,
Le passé sans changement.
Je suis le guetteur patient
Sur la galerie de bois blanc.
J'attends contre le mur de brique
De l'ancien hôtel à l'Annonciation,
Sous les larges bois de le tête empaillée
De l'orignal abattu autrefois
Par mon père au lac Maison-de-Pierre.
Je suis l'orignal mort.
Je regarde la rue depuis quarante ans.
Je n'ai plus de langue ni d'oreilles.
Je ne désire rien humer de la terre.
Dépouille mitée, je suis celui qui
Souffre d'être seul et de ne pas aimer.

LE PREMIER JOUR

L'aurore se soulève cramoisie.
À l'aube un oiseau chante.
Passereau banal, il ne connaît qu'une note.
Il la déguste peu de temps.

Il n'y a de vérité
Qu'en amour et en poésie.
Quand l'amour est parti,
Il reste la poésie.

Quand tous deux ont péri,
Il reste Marie et Jésus-Christ
Qui nous feront place
En paradis.

À l'aube un oiseau chante.
Moineau gris, terne étourneau,
Il ne souffre pas du péché originel
Alors que le jour va poindre.

Ô Christ, tu es présent
Dans les amples froissements
De la trompette,
Tu es vainqueur

Dans le rire dégringolant
De l'orgue,
Dans la sonorité
Du Premier Jour.

NATURE MORTE

« Le soleil s'est noyé dans son sang qui se fige. »

La voiture fonce dans le crépuscule
Droit sur l'incendie du couchant.
Le long des fossés, les arbres noirs
Montent une double garde.

L'été meurt dans le chalet désert.
Le silence s'étend sur les fûts des bouleaux.
Les mouettes pondent au large sur l'eau
Dans l'accalmie de huit heures du soir.

Le soleil laisse percer
Une éclaboussure d'argent à travers
Les sourcils du jour finissant
Qui fut gris, qui fut bleu aussi, qui fut beau.

Les voiles filent sous le vent
Soudain venu en ce soir d'août.
Le monastère dans le lointain
Songe à des pays sereins.

Et la nuit sur le lac se déroule
En vapeurs roses sous le soleil pesant.
Le jour voleur court à travers les nuages,
S'émiette en morceaux de vaisselle bleue.

Le dernier matin respire à peine.
La grande masse étale
Resplendit sous l'aurore calme.
Les panaches de brume courent à l'horizon,

Hérissé par les épinettes.
Ce n'est pas la peinture d'une campagne
Anglaise policée. C'est la colonie égarée
Du Nord Abitibi.

DESCRIPTIF

Immobiles le château,
Les sentinelles du Moyen-Age,
Les bouleaux au garde-à-vous
Devant la fenêtre.

Le jour rose foncé force la porte.
Des étages diaprés s'étendent sur le lac.
Jour uniforme sans lumière.
Hier. Une poudre rose tendre

Jetée au-dessus de la bande bleuâtre
De l'horizon se réfléchit à l'envers
Dans le lac. Soudain le soleil boeuf sang,
Strié par une mince latte de nuage,

Éclate. Enorme
Colonne d'incendie.
La puissance tremble dans l'eau,
Dissipe toutes les peurs de la nuit.

Au refuge de la migraine
La musique résonne dans le désert
Et le sommeil du lit seul
Se console à l'aurore!

LES DORMEURS BLEUS

Les lacs sous les montagnes,
Comme des dormeurs bleus,
Ne craignent pas d'être écrasés.

L'ombre des nuages le jour
Sur leur flanc court.
C'est une voilette sur un visage.

Quand l'aurore nettoie la nuit,
La silhouette des pins,
Des épinettes apparaît en dents de scie.

Elle défile contre l'aube écarlate,
Foule chinoise aux visages
Immobiles, presque pareils.

L'autobus de nuit, gros sous-marin fermé,
Fonce sur le macadam surpris,
Ouvrant le silence de son étrave ronflante.

Voum! font les automobiles,
Comme un vent s'avançant
Vers l'oreille de l'enfant étonné.

L'on arrive dans la ville aux maisons
De mil neuf cent trente-six à Val-d'Or.
Elles dorment dans leurs courettes : Éveil!

La nuit s'achève sur les immeubles.
Ils tremblent, laids, sous les néons,
Recroquevillés contre le matin seul.

CAGLIOSTRO

Je jouais aux échecs contre l'expert.
J'avançais des pions égarés
Pour lui dérober la dame.
Je me plaignais de la condition
Humaine, moi, l'appelé des vocations
Extraterrestres. Je me prétendais
                    un roi sûr.
Mais cavaliers et fous me menèrent
Au pied de la solitude et, un jour
                    d'ambiguïté,
La tour me renversa dans un cul
                de basse-fosse.

De la boîte de Pandore, je tirai au sort
La comédie, l'amitié, le malheur,
Le rejet, la sincérité, la mort.
Je brandis la faiblesse de mes amis
Comme l'injuste réponse à ma fidélité
Démesurée. J'allumai l'artifice
Dans le cabinet du guérisseur.
J'agitai des marionnettes
Et fis voir des mélanges de couleurs.

Je m'abreuvai de la liqueur de Verlaine
Ho! mes sourires me faisaient mal.
Je vendis tout pour une bouchée de pain.
Je donnai le reste pour rien.
Je gardai seulement mille volumes.
Je m'en allais pour de bon.
Je passai le lacet à mon cou,
Je repoussai du pied l'escabeau.
Peut-être avais-je déjà eu la tête
Sur le billot ou sous la guillotine.

Mais au dernier moment
Je me cramponnai à la reine!

J'étais l'enchanteur, le séducteur,
Le menteur qui fait pleurer sur sa misère
Pour vous trahir aussitôt à coup sûr,
Le coupe-jarret à qui vous faites l'aumône.

J'étais l'illusionniste moderne,
L'hystérique qui n'a plus mal une fois
                le dos tourné,
Le baron de la farce, le faux marquis,
Le ménestrel, le conteur.
Je jouais à l'échec avec la vie.
J'étais Cagliostro.

J'aimerais bien tomber bas le masque,
Me débarrasser de mes oripeaux,
Mais comment me reconnaîtriez-vous?
M'aimeriez-vous encore?

ATAVISME AU NORD

Godard arctique, antique,
Godard comique, tragique,
Solidaire atavisme,
Solitaire maléfice.

Je suis un Godard du Nord.
Ne croyez pas me moquer
En me surnommant Godendard,
D'autres l'ont fait jadis.

J'avais appris d'ores et déjà
Que l'ancêtre Emerie Godard
Avait fait fortune comme Roi du Nord
Grâce au sciotte et au godendard.

Nous sommes des Northmen,
Descendants des Vikings envahisseurs
Des bouches de la Seine, de Rollon
Acheté de guerre lasse par Charles.

Si nous n'armons plus de drakkars
Depuis la traversée en France Nouvelle,
Nous avons toujours vécu au nord
De l'immense fleuve Laurent,

À Château-Richer, à Terrebonne,
Puis, de Saint-Jérôme, nous sommes montés
Plus au Nord à l'appel du curé Labelle.
Sur les rives du grand Nominingue,

À l'aube des mille neuf cents,
À l'âge du poêle de fonte et de la scie,

Là, le géant Émerie a écrit son nom de fer,
Conquistador du bien et du mal faire.

Ces Yvan, ces Wilfrid, ces Oscar
Sont les noms magiques de mon enfance.
On disait Gâdor et non Godard.
Nous ne sommes pas des Gaudart

Ni des Goddard, même si des chercheurs
Ont trouvé trente-six variantes
Modulant ce nom sonore
Depuis le débarquement en Normandie.

Je salue cependant Margue Gaudette
                              de Soulange,
Les Gaudard de Bourges, juge, maire,
Et le Trésorier de France pour Berry
Et, en Amérique, Godey de San Francisco,

Eugène Godet établi à Philadelphie,
Gode à New York et de même Jehan Gaudet
Arrivé à Port Royal avec Marie Daussy.
À vous je confie que mon aïeul paternel,

Émerie, à trempe de Viking,
N'avait pas honte du godendard,
Du galendard, ne savait ni lire
Ni écrire sauf son nom de Godard.

Moi, pâle descendant, j'habite aussi au Nord,
Car m'aiguillonne ce dard
Hérité du vent sur la mer boréale
Et me fait parcourir le vaste espace vers
                              le pôle du haut.

AMOURS

SOUVENIR DE TOI

Dans un port de l'Atlantique,
Oui, je me serais embarqué,
À Nantucket, à Terreneuve,
Sur un trois-mâts, sur un baleinier,
Sans connaître ni le hunier ni la rambarde,
Sûr de souffrir du sel de la mer,
De l'âcre vent, de l'insomnie des quarts.

>   Oh, si j'avais su que l'amour
>   Peut être soufflé
>   Par moins que l'ouragan!

J'aurais accompagné les audacieux capitaines
Autour du Cap Horn, dans le Maelstrom,
J'aurais chassé Moby Dick,
J'aurais retenu le filin brûlant dans ma main,
Je me serais courbé myriade de fois sur les
                                    avirons,
Alors que croulent les vagues,
Que se confondent dans le peur
Le froid et le noir écumant.

>   Oh, si j'avais su que l'amour
>   Peut être noyé
>   Par moins que la mer!

J'aurais emporté le souvenir de toi,
Dans mon coeur, dans mes pleurs,
Une photo craquelée d'être trop tenue,
Dissimulée dans un grinçant tiroir,
Image grise et blanche de l'été trop bref.

Oh, si j'avais su comme l'amour
Peut être soufflé
Par moins que l'ouragan!

Oh, si j'avais su comme l'amour
Peut être noyé
Par moins que la mer!

LE CHEMIN DE L'AMOUR
DU BOUT DU MONDE

Écrit il y a dix ans, bientôt ce sera plus,
Je ne cesse de récrire ce poème
Incertain, de lointain, de chemin, d'amour,
Il faudra bien s'en satisfaire un jour.

Le hameau s'endort au bout du rang,
Long, blond, oblong.
Comme il est loin
Le chemin du bout du monde.

La grange abandonnée aux araignées
— Il bat notre coeur —,
Sans peinture, disjointe,
Je l'ai bâtie bien avant la Conquête.

Des soldats de parade se tiennent
Sur le monticule pour arrêter les envahisseurs
Sous les mousquets. Les vaches aux grosses
Taches brunes ruminent.

Hume l'odeur vert tendre des veilloches.
L'habitant lent sarcle son jardin.
Le propriétaire heureux
Se promène en chemise bleue.

Le bonhomme au verbe de tonnerre
Appuie sa bédaine sur son râteau.
Il crache sa colère sur les voisins voleurs.
Ce n'est pas moi qui ai déménagé l'église!

M'aimeras-tu si je t'aime?
Tu seras ma Conquête.
Long, blond, oblong,
Lointain le chemin du bout du monde.

Je t'aimerai si tu m'aimes.
Ce fut écrit à La Ferme, après l'orage,
En revenant du long rang
De Manneville il y a dix ans.

PREMIER AMOUR

I

J'ai hérité de pierres vives,
Point d'écrin pour les enchâsser,
Losanges de diamants au soleil,
Anneaux d'argent au doigt de l'heureux,
Serpent châtaigne lové sur le sable.
Deux traits de charbon pour les garder,
Les franges des cils se rejoignent :
C'est le pont des mains
Au-dessus de la mariée!

II

Ce brouillard rouge
Chasse dans mes paupières
Son flot lancinant.
Mes narines se briseront.
Que je saigne!
Des larmes dégoulinent,
Sel du chagrin,
Sur l'herbe brillante
Du matin.

Quand j'ai murmuré : ma chérie!
Ces mots tendres, ces mots violents
Avaient couleur de cerises,
Avaient goût de lèvres rouges,
De gouttes de sang.
Ces mots me paralysent!
Quand ta main m'a touché,
J'ai voulu m'abreuver dans ta paume,
Lapin aux naseaux frémissants.

Quand j'ai pu embrasser ta bouche,
Mon coeur cognait tant,
Oiseau fou,
Il a fallu le mettre sous verre.

III

Fille sage, vacillante,
Éclatante,
Dans le fourreau noir
De la robe,
Bois bruni du piano.

Sirène éclose,
Endormie au soleil,
Abandonnée à la plage,
À la lumière,
Maillot sang,
Étoile de la mer.

Tu t'éveilles.
L'émeraude ronge tes prunelles.
Elles brûlent
Sous la gouttière sombre des sourcils.
Tu te penches sur une corbeille :
Un enfant nous sourira!

IV

Quelle aubaine!
Il est tombé du ciel un oiseau blanc!
Il s'est perché dans mon cou.
Son éclat de neige m'éblouit.

Il m'éclabousse de ses plumes.
Contre moi bat son coeur douillet.
Son bec incarnat me picore.

L'oiseau blanc a ravi mon coeur.
Il le dévore au zénith du ciel.
Je t'aime! C'est dimanche :
L'oiseau,
C'est toi en robe blanche!

V

Tu danses toute la nuit dans des souliers
De vair.
Quand je t'étreins, fragile,
Un peu de rosée mouille mes doigts.

Tu surgis au détour de mes rêves.
Le goût de tes joues parfume mon réveil.
Au matin, dans la crique,
Ta chevelure iroquoise,
Aux sillons des pierres mates,
Se prend.

Où bat ton coeur secret?
Comme une horloge l'après-midi,
Dans une chambre à l'écart,
Où moi seul serai admis.

LE MOMENT

Elle s'assied à un bout du sofa.
Elle croise ses jambes.
Son mollet s'appuie sur son genou.
Il s'étale en un fuseau
Blanc éblouissant, un éperon ferme.
Je la regarde.
Ses cheveux coupés courts
Ont des traces de cendre,
Artifice de femme déjà.
Ses sourcils sont foncés
Et droit son nez.
De ses mains aux ongles mauves
Elle recouvre ses épaules nues
D'un gilet blanc à larges mailles
Sur sa tunique noire.
Son sourire découvre
Ses dents régulières
Et sa langue rose.
Ah! Je t'aimerai!

LA BALLADE DE PORT CHAGRIN

À vingt ans, sage et sot, je vins dans un
                              village.
Le vent s'agitait dans les cerisiers sauvages.
Dans un pays nouveau, la mer battait le quai,
Aspergeait les rampes sous les débardeurs
                              gais.

Voyageur naïf, je suis tombé de la goélette.
Tes yeux pétillaient à l'abri de la voilette.
Innocent, c'est avec toi que je suis parti,
Tout important, au nez du chauffeur de taxi.

Ce vent soulevait la poussière du chemin.
Je me suis endormi, confit, contre ton sein.
Retour de l'Anse, les cailloux volaient
                              à gauche.
Un jour, au réveil, je penserai à l'embauche.

Chère, comme nous avons dîné à l'auberge,
Dinde du dimanche, vin, servante et asperges.
Ce même vent couchait l'herbe contre le mur.
Ton sourire de juin adoucit mon coeur sur.

Tes lèvres remuent les ailes d'un oiseau rouge.
Comme je suis jeune, comme mon espoir
                              bouge.
Dans ton cou je respire ton coeur parfumé.
Vivre au gré de mes rêves, égrener tout l'été...

Trêve d'allégresse, tes yeux sont pleins de
                              larmes.

Ce bonheur impromptu, ainsi tu le désarmes?
« Le maire est mon amant, et je dois
                              me marier.
Notre affection mourra tôt dans la matinée. »

Déserter ce séjour. Adieu baisers et tulle.
Oeil sec, gorge remplie d'étouppe, mon amour,
À l'heure des sanglots, dans
                              tes plus beaux atours...
Le vent de Port Chagrin soufflait
                              au crépuscule.

APRÈS LES MÉTÉORES

Après la comète,
Après la jeunesse,
La tourmente d'amour,
D'autres saisons ont fleuri,
Des étés ont passé.

Même si d'atroces souvenirs
Sifflent parfois dans le vent,
Des enfants sont venus,
Des sourires sont des journées
De velours.

Après les météores,
Après la comète,
Après la jeunesse
Et le temps passé.

L'AMOUR LÀ-BAS

Je reviendrai au pays
Par ciel un peu gris.
Offre-moi mille dollars
Sur coussin de brocart.

Mille dollars,
La bagatelle!
C'est un million
Ou la grattelle.

Je retournerai chez toi
Avec coeur un peu las.
Apprivoise-moi d'un baiser
De ton amour d'été.

Tu peux rêver,
Je peux crever.
Un baiser d'été
Ruine ma santé.

J'étouffe dans mes souvenirs.
Tu te mouches dans le cachemire.
Deviens fatale et blonde,
La plus belle fille du monde.

Quel feu rallumera
La braise en moi
De l'amour là-bas
Quand tu touchais mon bras.

Tu peux partir.
Je puis périr.
Sommes-nous morts déjà
À l'amour d'autrefois?

COMBAT CONTRE LE COBRA

Comme la mangouste,
Après le combat contre le cobra,
Je sortis de dessous le mur.
Comme le soldat,
Au matin de la bataille,
Près du hangar abandonné.
Comme les élèves réfugiés
Dans l'école éventrée.
Moi, regardant du haut des mansardes,
Au bout de l'avenue vide,
L'arrivée de la soldatesque
Et de la mitraille,
Je sortis de dessous le rêve,
Espérant réussir
À amadouer le réel quotidien.

Après le combat contre le cobra,
La mangouste retourne à la cuisine.
Le soldat tend ses poignets au lien.
Les copains retournent à l'école.
Alors tout seul avec mon échec,
Projeté au sol, les dents cassées,
Je me blottis contre les interstices
De la remise et je pleurai si fort,
Si secrètement,
Pour oublier, pour oublier!

Dans le vent, dans la poussière,
Agonisaient les amours,
Roulaient les papiers
Et tous les souvenirs.

AMOURS PERDUS

On ramasse une bougie de Noël tout écaillée,
Un capuchon bleu d'un stylo à bille,
Un livret de secourisme écorné
— Les plus beaux romans d'amour
Du Grand Meaulne, du prince Mychkine,
Des manoirs perdus en filigrane,
S'effondrent, —

Une pile Malory de un volt et demi
« Pour usage général »
Qui n'a jamais servi.

On est un enfant en mil neuf cent quarante,
Qui s'enthousiasme, et est fou d'amour.
En mil neuf cent soixante, on a un enfant
Et d'autres. On a la cinquantaine sitôt après.

On a reçu tant de coups entre les épaules,
Et enfoncé autant de lames
Dans le coeur de ceux que l'on voulait aimer.

On se retrouve seul à écouter sa solitude
Sur un disque d'amour
Où sifflent les cigales
Et vibre la voix impossible d'une mortelle.

LE MALHEUR DES MURS

Âcre réveil,
Chaussures renversées,
Salive acide.

Le bruit du train
Gémissant
Traverse la maison.

Les pelouses rases
Crient leur soif
Près du béton.

Chiens comme chacals,
Corneilles comme vautours.
S'asseoir lourdement

Face aux murs,
Aussi silencieux
Qu'à seize ans.

Ô femme,
Invention la plus belle!
Déception la plus cruelle!

LE JARDIN

Elle est enfin à moi,
Ma pâture, ma seule jouissance.
Elle me sert le couvert éclatant
De sa chair beige,
Avec la tache noire
Du milieu de son corps.
Je goûte fièrement
La dure fraise de ses seins.
Au soleil et sous les étoiles
Mûrissent les fruits du jardin.

Le serpent se glissa entre les feuilles,
Nous adressa son sourire du bien et du mal.
Elle s'approcha de l'arbre du malheur.
De moi, qui la tenait pour ma compagne fidèle
De la planète Terre,
Elle s'éloigna.
Parée de plumes et de bracelets,
Elle me retourna à la solitude
Première de mes os.

IRONS-NOUS AU BOIS ?

Le rêve du crépuscule
Est généreux.
Près des grilles du jardin,
Les troncs fusent du couchant brun.
L'inconnue m'offre ses seins,
Pâte et pain
Pour la plénitude des mains,
La douceur de ses bras lisses,
Ses yeux sans reproche
Et sa nudité jusqu'à la ceinture,
Quelle menace pèse sur ce face-à-face?
Quel mensonge se refermera sur nous?

Irons-nous au bois?

TROPHÉE

La fille revêtue du blouson du chasseur,
Belle et fière sur le capot de la voiture,
Son épaisse chevelure se dore au vent.
Sera-t-elle l'appât ou la proie, le trophée?

Animale et jeune, elle se sera donnée.
Elle se laisse emmener pour la promenade,
Fidèle conquête qui répond au sifflet
Du dogue goguenard engoncé dans son cou.

Elle n'a eu comme pâture que le poing
Ou la bouche avariée du rougeaud qui aboie.
On la prend et on la déchire en son milieu,
On la montre comme le gibier abattu.

DERNIER NAVIRE

La rivière brune repousse ses eaux plates
En aval. Ils flottent, les énormes glaçons
Disloqués, morceaux du casse-tête des lacs.
Ils ont fondu chemin courant vers le
                                    printemps.

Berceau de tes hanches où je voudrais
                                    naviguer,
Navire de ton corps où j'aurai reposé.
Après la frénésie quelle aube nous attend.
Vienne une trêve, le terme de nos rêves.

S'éveillant de l'hiver, brisant son dos de glace,
Le fleuve Harricana déroule indifférent
Ses larges méandres serpentant en amont
Jusqu'au pont Cerbère qui surveille la ville.

Ô dormir longuement au creux de bras
                                    mortels!

L'ÉTERNITÉ

Au bout de la vie, j'ai trouvé le temps,
Le temps finissant.
Au bout du temps, la vie m'a trouvé.
Était-ce la vie? Était-ce le temps?

Je croyais avoir toute la vie,
Au début du temps.
Pouvais-je hésiter?
Déjà le temps s'avançait.

Au début de la vie, je t'aimais.
M'aimais-tu aussi?
Le temps m'a-t-il fourvoyé?
Il était déjà le temps s'en allant.

Mes bonheurs se sont épuisés
Après le soleil levant.
À la fin, la vie m'a trouvé seul.
C'était le temps aboutissant.

Au bout de la vie, j'ai trouvé le temps,
Le temps finissant.
Au bout de la vie, le temps s'est évanoui.
Il avait nom éternité.

ENFANCES

PACHATTE

Avant Jean Ferguson le Bon,
Les chats vivaient déjà
Sans dégâts parfois.
Ils trônaient ici même
Au royaume de nos enfants.

Quand elle veut, elle vient,
Elle va où la guide sa moustache,
La chatte caressante,
Indifférente,
Pacha
De manoirs opulents.

Le chat noir d'ailleurs
Était prénommé Moustache;
L'engourdi s'appelait Roussi;
Le plus aimable, Ronron,
Que la menotte du petit enfant
Traînait sur le tapis.

Ni reine d'Espagne,
Ni sultane de Perse,
Dans ses yeux verts
Brûlent des diamants
Jaunes,
Rêvent
Des émeraudes.

L'ENFANT DE TOUTES LES COULEURS

Comme un oiseau haut en couleur,
Comme un oiseau plein de vibrations,
Tu voles d'année en année.
Posée à peine sur l'arbrisseau de ta jeune vie,
Déjà tu repars dans le soleil de tes onze ans.

Il y a si longtemps maintenant
Je te portais sur mon coeur.
Je pense que j'étais jeune encore.
Je te regarde aujourd'hui
Jeter des miches aux canards nouveaux.
Ils disent coin! Bien sûr
Et aussi smac! smac!
Ils ont des trous sur la cuillère plate
De leur bec, de l'ardoise sur leur flanc,
Et un oeil rond.

De l'autre côté du lac, l'école de pierre
S'endort sur la butte des vieilles années,
Renfoncée dans ses épaules colossales.
Elle nous surveille
Sous l'accent circonflexe de ses lucarnes.

Tu viens de la cueillette des bleuets,
Tu babilles avec ta grande soeur
Sous les bouleaux indulgents.
Comme un oiseau haut en couleur,
Comme un oiseau plein de vibrations.

LE GÉANT DU LAC

Le géant de fer,
Dans le toit
Dissimulé,

Son oeil
Fermé
Sur la cheminée,

Fume sa cigarette
D'enfer
Foncée.

Il aspire la fumée
Du poêle
Au pelage de fer,

Sur ses pattes de lion,
La gueule fermée,
Accroupi sur son secret de feu.

Quand on le chasse,
On l'agace,
Il se cache.

Il aime mieux,
Paresseux,
Dans le noir nous narguer.

Il ne fait rien l'hiver,
Le géant allongé.
Il dort au froid,

Gulliver
Paralytique,
Bâillant après l'été.

Alors, aussi grand,
Il pourrait se faire
Domestique.

Mais il préfère
Jeter un pont sur l'eau,
Sur le rêve.

Amarrer
Sur la butte le chalet
Qui s'échappe.

Il éparpille la vaisselle,
Il émiette les vagues
De sa main grise.

Il fait bouillir le lac
Dans sa marmite
À tout faire,

Le géant narquois,
Dans le toit
Dissimulé.

Mais n'aie pas peur petit enfant :
Ce ne sont que des mots,
Des maux d'écrivain.

LE PETIT PRINCE

J'ai un p'tit ourson qui va-t-à la guerre.
Il avait des soldats de bois naguère.
Des fusées, des fusils qui crachaient l'enfer,
Des voitures miniatures, des manèges de fer.

Petit prince, il disait aux fleurs :
« Les bleuets sont durs, durs comme le pouce.
Touche à mon pouce, il est dur.
Les bleuets sont blancs comme le bouleau.

Écoute le ruisseau, il fait une petite musique,
Il fait tic-tic-tic.
Le ruisseau fait une petite musique.
Quelque chose est blanc
                    comme les bouleaux. »

Il écrivit une poésie officielle
(Un jour d'école sans chagrin):
« Le jour est comme le velours.
Le vent cache le rocher luisant.
Les goélands volent vers les paysans.
Les ours blancs du Sud sont grands. »

J'avais un p'tit ourson qui jouait à la guerre.
Il avait des soldats de plomb naguère.
Maintenant, il est parti sur des ponts de fer.
Je suis une mère seule qui pleure, amère.

LE MONDE

Mes yeux s'ouvrirent.

Quel abandon
Quand je ne sus pas me tenir sur les skis,
M'effondrai dans la neige molle de mars,
Derrière mon père trop habile,
Qui fronça les sourcils,
Dénoua la corde qui nous reliait.
Je restai à la maison
Sans connaître la faveur
De lever les collets à lièvre,
Comme mon frère aîné qui me remplaça.

Quelle douceur dans le monde
Quand ma mère me consola des moqueries
De mes cousins sur le trottoir
Qui bordait la rue grise de poussière.
Je les quittai en pleurant.
Elle délaissa son travail à la cuisine,
Elle se pencha sur son enfant,
Elle m'embrassa sans reproches,
Me tint un instant dans ses bras
Même si son visage ne souriait pas.

BETHLÉEM

Je suis cette perle, ces cellules enivrées
Encore de liqueur mâle et femelle, cette
Blastule qui succède à la morule et jette,
Gastrule bientôt, le filet du placenta
Pour s'implanter au chaud à l'insu de la terre.

Je suis le plus petit des enfants de ce monde.
Je suis né une nuit malgré la haine, le froid.
Il n'y avait pas de place à l'hôtellerie,
Seulement des étoiles au ciel qui brillaient.
Je suis venu dans la paille de la mangeoire.
Je vous regarde déjà en clignant d'un oeil,
Puis de l'autre. Je pleure et ne ris pas encore.
Je ne vous réclame que de m'aimer un jour.

SONGE DE NUAGES

Les courtes vagues écrèment
Leurs eaux sur la grève des lacs,
Loin des rouleaux de la mer.
Chaque vague brisée
Recèle du ciel bleu
Ou révèle le sable
Ou la menace noire
De la profondeur.

Toutes les vagues sont une découverte.

Le lac la Ferme,
Dans les yeux de maintenant,
Est pareil aux eaux jadis
Du grand Kiamika,
Du lac Rouge, du Maison-de-Pierre,
Bien avant la loi, bien avant moi.

Tous les lacs sont un patrimoine.

Chaque matin bleu ou brumeux
Appelle des enfants nouveaux
Sur les rives de sable
Qui s'animent sous les bouleaux.

Toutes les plages sont un sourire.

Les sapins habitaient les longues pointes
Autrefois. La rosée séchait sur les canots.
Les disparus qui nous sont chers
Préparaient des déjeuners sur les pierres.

Tous les paysages sont une nostalgie.

Dans les yeux d'aujourd'hui
Nage un songe de nuages à l'aurore.
Quel jour donc nous attend
De miséricorde ou de peine?
Dont la décision se fait attendre,
Et il ne faut pas pleurer.

Tous les jours sont une demeure.

APRÈS LA GUERRE

L'école est finie,
Je suis pélerin au pays natal
Au bord du lac bleu
Qu'on appelle Tibériade.

Le canton se nomme Turgeon.

Le chant des grillons est sonore,
Le pépiement des moineaux quelconque.
Le dix juillet, comme il est strident
Le soleil!

Les vagues écrèment leurs eaux sur la grève.

Du quai de pierre ancré au large
J'apprends à plonger
Dans les eaux tièdes
Comme une soupière.

Je manoeuvre la chaloupe verte.

Je cueille, de l'autre côté du lac,
Des cerises noires à la fin d'août.
Je pêche des barbottes,
Des perchaudes sur les bas-fonds.

Je serai heureux toujours!

J'ai dix ans, douze ans,
Impunément.
L'amour pas encore
Ne m'a meurtri.

Comme un jour tu me seras chère!

La guerre est finie.
Je suis voyageur au pays bleu
Près du lac fatal
Qu'on appelle Nominingue.

CONTINENT

Je veux raconter mon enfance,
Ses heures définitives.
La nostalgie ne balbutie,
Que des mots tièdes.

Frondes, tire-pois,
Premiers pas des garnements,
Arc et flèches, revolvers
Des efficaces gangsters.

Je suis repu de bandes dessinées.
Je savoure la geste des héros,
Toujours triomphants sur le macadam,
Heureux sans aucune femme.

J'étais un enfant candide
Emporté dans de brusques colères,
Mais obéissant à grand-mère
Qui tendait les gloires du matin.

Sur les ficelles attachées
À la clôture en claire-voie,
Frontière imprenable contre la ruelle.
Les fleurs grimpantes

S'ouvraient au soleil,
Par-dessus les hangars,
Par leurs corolles mauves et blanches
Au-delà d'un continent perdu.

JUILLET

Quand mon père changea la voiture,
Dans la lumière de juillet,
Caoutchouc, cadrans, instruments
                    de plastique
Fleurant bon comme un royaume.
Tous les craquements de la carrosserie
S'étaient tus, le moteur roulait tout doux
Et répondait sans délai à la pédale
D'accélération noire et encore luisante.

Dans la lumière de juillet,
L'adolescence voulait allumer ses promesses.
Les cris des baigneurs montaient
Du lac en fusion.
Mais une rencontre m'es pas survenue
Un amour n'a pas existé.

LA VIE DU DIMANCHE

Au chalet, au temps doux,
On y flânera juillet et août,
Pieds gravés dans le gravier,
La tête peuplée de peupliers.

On se baignera tout le jour
Avec les barbottes d'alentour,
Orteils scellées dans le sable,
Les yeux noués par les nuages.

Les brochets sur le gril,
La vaisselle face et pile,
Pieds piégés par la plage,
Le nez dans les nénuphars.

Oui, s'il ne fallait pas payer
Le loyer, le chauffage,
La banque, les impôts.
Il reste le dimanche!

APRÈS-MIDIS

Les après-midis de paradis
Reviennent de temps à autre.
Plus souvent, plus longtemps,
Quand l'on est petit.

Un soupçon, un souvenir
Quand l'on a vieilli.

La clameur des enfants
— Rire ou colère —
Transperce la rumeur du vent,
La tiède journée qui s'assoupit,

Voix de petits inconnus,
La mienne autrefois.

Je voudrais que le printemps
Se lève tous les jours,
L'été, celui qui n'est pas venu,
Qu'il ne finisse jamais.

Adulte cacochyme,
Retourne à tes machines!

Août est accablé,
Les bleuets sont blets.
Ils sont le présage
De l'hiver paralytique.

Trêve! Cesse de rêver!
Va-t'en gagner de l'argent.

POÈMES DES ÉTÉS

I

Crapets-soleil, perchaudes, ménés,
Débris de coquilles, huîtres entières
Mijotées dans les basses eaux sous le jour
                              chaud.
Dunes minuscules parallèles sous les vagues.

Sangsues, écrevisses, couleuvres.
Ménés d'un pouce pour ferrer la barbotte,
De six pouces pour appâter la truite
Dans les fonds froids à l'oeil fermés.

L'effrayante libellule bruissante se pose
                              par saccades.
La courte grève recueille l'écume des vagues.
Chaque crête brisée emprisonne
Soleil bleu et profondeur très noire.

La truite vivante surgit dans un remous.
L'épuisette habile la cueille au bond.
J'ai dix ans,
Mon père est invulnérable.
Crapets, perches jaunes dans la lumière!

II

Languide mon radeau bleu de caoutchouc
Sur le lac ensommeillé.
Au ras de la plage mollement, il zigzague
Par le caprice de la cuillère plate
                              du gouvernail.

Dos à dos contre ma nautonière,
Nos jambes alanguies pendent dans l'eau.
Il nous pousse à peine le vent
Sous le foc (un, deux, trois? quatre!)
                              quadrangulaire.

J'ai une natte brune, ma copine est blonde.
Notre murmure dormeur a le ton étale
                              de l'eau.
Nous glissons à la surface d'une vaste
Baignoire dorée par le sable depuis mille ans.

J'ai douze ans. Je pense que je serai grande
                              un jour.
Tropide mon radeau bleu de caoutchouc sur
                              le lac ensoleillé.

III

La hargne persistante des hors-bord
(Depuis cinquante ans, depuis que je vis).
Nouveau : un plancher sur des canots.
Nouveau aussi : la voile sur une planche.

Parfois un hydravion s'élève en tempête,
Nargue la terre et fait regarder en l'air.

Pareils : la paresse dans le fourneau du soleil,
Le sable que le pied ameublit,
Le vent sur le corps enveloppé d'air,
Le combat du nageur contre la profondeur.

Les lacs ménagent contre les grèves
                              des bassins tièdes.
Mais l'eau sans cesse reste vive,

Elle arrache des cris, les mêmes
(Depuis cinquante ans, depuis que je vis),

Aux enfants surpris, aux enfants ravis
Qui se réfugient dans les bras complices
                              des parents.

Ô, le lac se souvient-il de la mer?
Et le ciel de la colère?
Que reste-t-il de l'amour?
Qu'en est-il de nos visages?

La hargne persistante...
(Depuis cinquante ans, depuis que je vis).

VOULEZ-VOUS MON CERF-VOLANT?

Voici mon cerf-volant,
Toupie dans le soleil, chauve-souris qui guette
De ses yeux sous lunettes,
Quand midi tape de son marteau assourdi.

Le promeneur beige, ce rescapé du Nord,
Vient à pas rapides sur la grève, étourdi,
Parmi les longs octogénaires craquelés
Par le soleil, le nez verni de noxzéma.

Voici mon cerf-volant, papillon noir et or.
Il frémit tout là-haut. Immobile un instant
Au bout de la ficelle, il dort. Il tombe. Il mord.
Peut-être a-t-il aussi les dents d'un cobra vert.

Les "moms" ensommeillées sous les
                              parasols pâles,
La marmaille se chamaille à coups de pelles,
Chicane son enfance qu'elle reniera.
Le Saint-Bernard garde le seau de sable plein.
Les vagues roulent des algues jusqu'à
                              l'asphalte.
Vous voulez mon cerf-volant?
Independance Day, mil neuf cent
                              soixante-huit.
Le disque du frisbee plane au-dessus des rires,
Glisse sur la brise. Sorry no vacancy.

Est-ce le Maine notre marche sur la mer?
« Mon père est né en Canada, ma mère à
                              Biddeford. »

Venez-donc acheter chez Julie Bon Marché.
Enfance et turbulence et je n'oublierai pas,
Moi.

Mais où gîte mon cerf-volant?
Est-ce une torpille dans le ciel d'Amérique?
Qui succombe à midi, pique dans l'air torpide?
Où donc tombe cette chanson?

Que j'ai dû recomposer si peu aisément
Après le temps où les cerfs tombés plus ne
                                        volent.

TABLES DES MATIÈRES

I. IMPROMPTUS

II. PERSPECTIVES

III. AMOURS

IV. ENFANCES

Ce livre, le quarante-neuvième ouvrage
des éditions **D'ici et d'ailleurs**
et le dizième dans la collection
Cygnes du ciel,
a été composé par
Assistécriture
pour le compte de l'éditeur.

Achevé d'imprimer
en mai 1994 sur les presses des
Ateliers graphiques **Marc Veilleux inc.**,
à Cap-Saint-Ignace, au Québec.